Para:

De:

Dios Te Cuida

Philip O. Akinyẹmi

DIOS TE CUIDA

Correo electrónico de
contacto del autor:
feedmypeople365@gmail.com

ISBN:

Tapa blanda:	978-1-7342603-8-0
Tapa sura:	978-1-7342603-9-7
Ebook:	978-1-7351099-0-9

Visite el sitio web del autor en:
www.philipakinyemi.com/books

Traducido por el equipo de freelancers Biblelover

Impreso en los Estados Unidos de América

Para mis nietos y todos los Niños del mundo, cada uno de ustedes es precioso a la vista de Dios.

Philip O. Akinyẹmi

JOSÉ EN EL POZO — Génesis 37

José, el hijo de Jacob, era un joven piadoso. No se uniría a sus hermanos para hacer el mal. Joseph nació en la vejez de Jacob, y Jacob lo amaba más que a todos sus hijos, por lo que le hizo un abrigo de muchos colores. Joseph también era un soñador. Soñaba que su familia algún día se inclinaría ante él. Como resultado, sus hermanos lo odiaban más.

Un día, su padre lo envió a ir a ver a sus hermanos cuidando el rebaño. Cuando sus hermanos lo vieron, planearon matarlo, pero en su lugar decidieron arrojarlo a un pozo y luego lo vendieron como esclavo. Dios lo protegió en el pozo y donde quiera que fuera. Más tarde, Joseph se convirtió en gobernador en Egipto, donde salvó a su pueblo del hambre durante una grave hambruna.

◇◇

"El ángel del SEÑOR acampa alrededor de los que lo temen y los defiende." (Salmos 34:7).

◇◇

MOISÉS – Éxodos 1-2

En el momento en que nació Moisés, Faraón, el rey de Egipto, había hecho la ley para matar a cualquier niño recién nacido de Israel. Pero Iojebed, su madre, lo escondió durante tres meses, y cuando ya no pudo ocultarlo, le consiguió una cesta de papiro y la cubrió con alquitrán y brea. Luego colocó al niño en él y lo puso en los juncos junto a la orilla del río. Su hermana Miriam se paró a gran distancia para ver qué pasaría con el niño.

Dios protegió al niño y no permitió que ningún mal viniera a él. Entonces la hija del rey vino al río a bañarse, y allí lo encontró. Dios maravillosamente arregló que el bebé fuera devuelto a su madre para criarlo para la hija de Faraón. Cuando el niño creció, ella lo llevó de vuelta con la hija de Faraón y él se convirtió en su hijo. Ella lo llamó Moisés y le dijo: "Porque lo saqué del agua".

◇◇

"Herencia del SEÑOR son los hijos." (Salmos 127:3).

◇◇

SAMUEL — 1 Samuel 1-2

La madre de Samuel, Hannah, había sido estéril durante mucho tiempo, y rogó que si el Señor le daba un hijo, ella le devolvería el hijo al Señor para que Él lo sirviera todos los días de su vida. El Señor respondió a su oración, y Hannah mantuvo su voto. Cuando Samuel fue destetado (todavía un niño pequeño), Hannah lo llevó al templo en Shiloh para vivir con Eli el sacerdote, y Samuel permaneció allí. El Señor lo observó día y noche y lo preservó del mal. Creció para ser un gran profeta y un líder en Israel.

◇◇

"No te desampararé ni te dejaré" (Hebreos 13:5).

◇◇

DAVID — 1 Samuel 17

David como joven se quedó con las ovejas de su padre. Un león vino y tomó alamb; David luchó con el león y lo mató. En otra ocasión, llegó un oso como el león, y también mató al oso. Dios lo protegió de estos animales peligrosos. Un día, el padre de David, Jesse, le pidió que llevara comida a sus hermanos mayores que estaban en el ejército y que vieran cómo les iba. El ejército israelita estaba luchando con el ejército filisteo.

David escuchó al campeón filisteo Goliat burlándose del ejército del Señor, y estaba triste de que alguien dijera cosas malas sobre el pueblo de Dios. David confió en Dios, quien le dio la victoria sobre un león y un oso, para darle la victoria sobre Goliat, que era un gigante de 9 " de altura. David convenció al rey Saúl de que pelearía y derrotaría a Goliat. Con su honda y una piedra, se acercó a Goliat y lo mató.

◇◇◇

"Porque nada hay imposible para Dios" (Lucas 1:37).

◇◇◇

JOSUÉ — 2 Reyes 11

Josué, el hijo pequeño del rey Ocozías de Judá fue salvado por Dios luego del asesinato de su padre, el rey Ocozías. Atalía, la madre del rey, ordenó que mataran a todos los miembros de la familia real, pero Dios vigiló a Joás y lo protegió a través de su tía Jehosheba, quien lo escondió durante seis años en la casa del Señor.

En el séptimo año, Joás fue ungido y proclamado rey por el sacerdote Joiada, porque Dios le había prometido a David que un rey nunca estaría ausente de su linaje.

"Ninguna de las buenas promesas que el SEÑOR había hecho a Israel había fallado" (Josué 21:45).

LOS TRES JÓVENES HOMBRES HEBREOS— Daniel 3

El rey Nabucodonosor de Babilonia hizo una imagen dorada y pidió a todos que se inclinaran y la adoraran. Cualquiera que se negara sería arrojado a un horno en llamas. Sadrac, Mesac y Abednego, tres jóvenes hebreos, se negaron a adorar al ídolo. Eran judíos a quienes se les había enseñado desde la infancia a no adorar una imagen (ídolo), sino solo a Dios. El rey estaba furioso e inmediatamente ordenó que los arrojaran al horno. Dios envió a su ángel para protegerlos dentro del fuego, y no tenía poder sobre ellos porque confiaban en Dios.

◇◇

"No tendrás dioses ajenos delante de mí." "No te inclinarás a ellas, ni las honrarás" (Éxodo 20:3, 5).

"Cuando pases por las aguas, yo estaré contigo; y si por los ríos, no te anegarán. Cuando pases por el fuego, no te quemarás, ni la llama arderá en ti." (Isaías 43:2).

◇◇

DANIEL — Daniel 6

Durante el reinado del rey Darío, los medos, los líderes del pueblo conspiró e hizo una ley para atrapar a Daniel. El decreto dice que quien solicite a un dios u hombre durante treinta días, excepto el rey Darío, será arrojado al foso de los leones. Daniel conocía al Dios viviente y lo sirvió con todo su corazón. Daniel se negó a rezarle al hombre, y solo rezó a su Dios. Lanzaron a Daniel a una guarida de leones, pensando que los leones se lo comerían, pero Dios lo protegió, y los leones no pudieron hacerle daño.

Al día siguiente, el rey se acercó a la guarida y llamó a Daniel, y él respondió: "Entonces se alegró el rey en gran manera a causa de él, y mandó sacar a Daniel del foso; y fue Daniel sacado del foso, y ninguna lesión se halló en él, porque había confiado en su Dios" (Daniel 6:23). El rey estaba muy complacido y dio órdenes de sacar a Daniel del foso.

◇◇

"Aunque ande en valle de sombra de muerte, No temeré mal alguno, porque tú estarás conmigo; Tu vara y tu cayado me infundirán aliento" (Salmos 23:4).

◇◇

JONÁS

Jonás fue un profeta de Dios. El Señor lo envió a la gran ciudad de Nínive para predicar en contra de ella debido a su maldad. En lugar de ir a Nínive, Jonás se subió a un barco que se dirigía a Tarshih; fue desobediente al Señor. El Señor envió un gran viento sobre el mar, y la gente temía que todos pudieran morir. Descubrieron que Jonás era la causa de una tormenta violenta, por lo que lo arrojaron al mar. Llegó un gran pez y se tragó a Jonás, pero rezó dentro del pez. El Señor lo perdonó y ordenó al pez que lo vomitara en tierra seca después de tres días. Luego fue a predicar a la gente de Nínive, y se arrepintieron.

◇◇◇

"A dónde me iré de tu Espíritu? Y a dónde huiré de tu presencia?
Si subiere a los cielos, allí estás tú; Y si en el Seol hiciere mi estrado,
he aquí, allí tú estás." (Salmos 139:7-8).

◇◇◇

PEDRO — Hechos 12

El rey Herodes encarceló a Pedro por predicar el evangelio. La iglesia comenzó a orar de todo corazón a Dios por él. La noche antes de que Herodes lo llevara a juicio, Peter estaba durmiendo entre dos soldados, atados con dos cadenas, pero un ángel de Dios despertó a Peter y le pidió que lo siguiera. Salieron de la prisión, y cuando llegaron a la Puerta de Hierro de la ciudad, se abrió sola.

Peter pensó que estaba soñando. Después de que el ángel lo llevó a la ciudad, desapareció. Entonces Pedro supo que fue Dios quien envió a su ángel para salvarlo. Dios preservó la vida de Pedro.

"Muchas son las aflicciones del justo, Pero de todas ellas le librará el SEÑOR." (Salmos 34:19).

SUS ÁNGELES SON ANTES DE DIOS - Mat 18

Los niños fueron traídos a Jesús para que pudiera poner sus manos sobre ellos y bendecirlos. Sus discípulos pensaban que estaba demasiado ocupado y no tenía tiempo para los niños, pero Jesús les dijo a sus discípulos que no impidieran que los niños vinieran a ÉL.

◇◇

Viéndolo Jesús, se indignó, y les dijo: Dejad a los niños venir a mí, y no se lo impidáis; porque de los tales es el reino de Dios. "Y tomándolos en los brazos, poniendo las manos sobre ellos, los bendecía." (Marcos 10:14, 16).

"Mirad que no menospreciéis a uno de estos pequeños; porque os digo que sus ángeles en los cielos ven siempre el rostro de mi Padre que está en los cielos." (Mateo 18:10).

◇◇

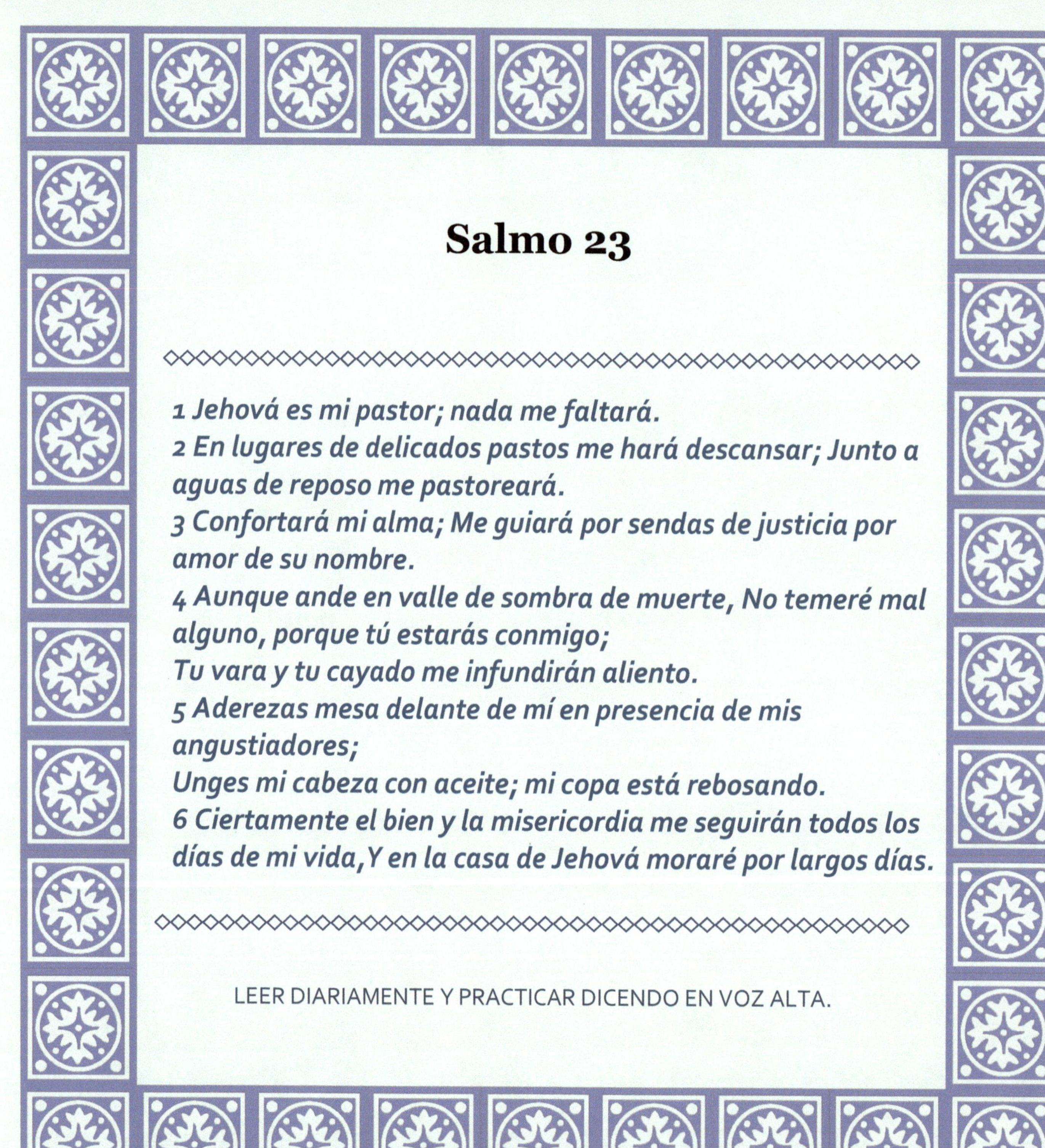

Salmo 23

◇◇

1 Jehová es mi pastor; nada me faltará.
2 En lugares de delicados pastos me hará descansar; Junto a
aguas de reposo me pastoreará.
3 Confortará mi alma; Me guiará por sendas de justicia por
amor de su nombre.
4 Aunque ande en valle de sombra de muerte, No temeré mal
alguno, porque tú estarás conmigo;
Tu vara y tu cayado me infundirán aliento.
5 Aderezas mesa delante de mí en presencia de mis
angustiadores;
Unges mi cabeza con aceite; mi copa está rebosando.
6 Ciertamente el bien y la misericordia me seguirán todos los
días de mi vida,Y en la casa de Jehová moraré por largos días.

◇◇

LEER DIARIAMENTE Y PRACTICAR DICENDO EN VOZ ALTA.

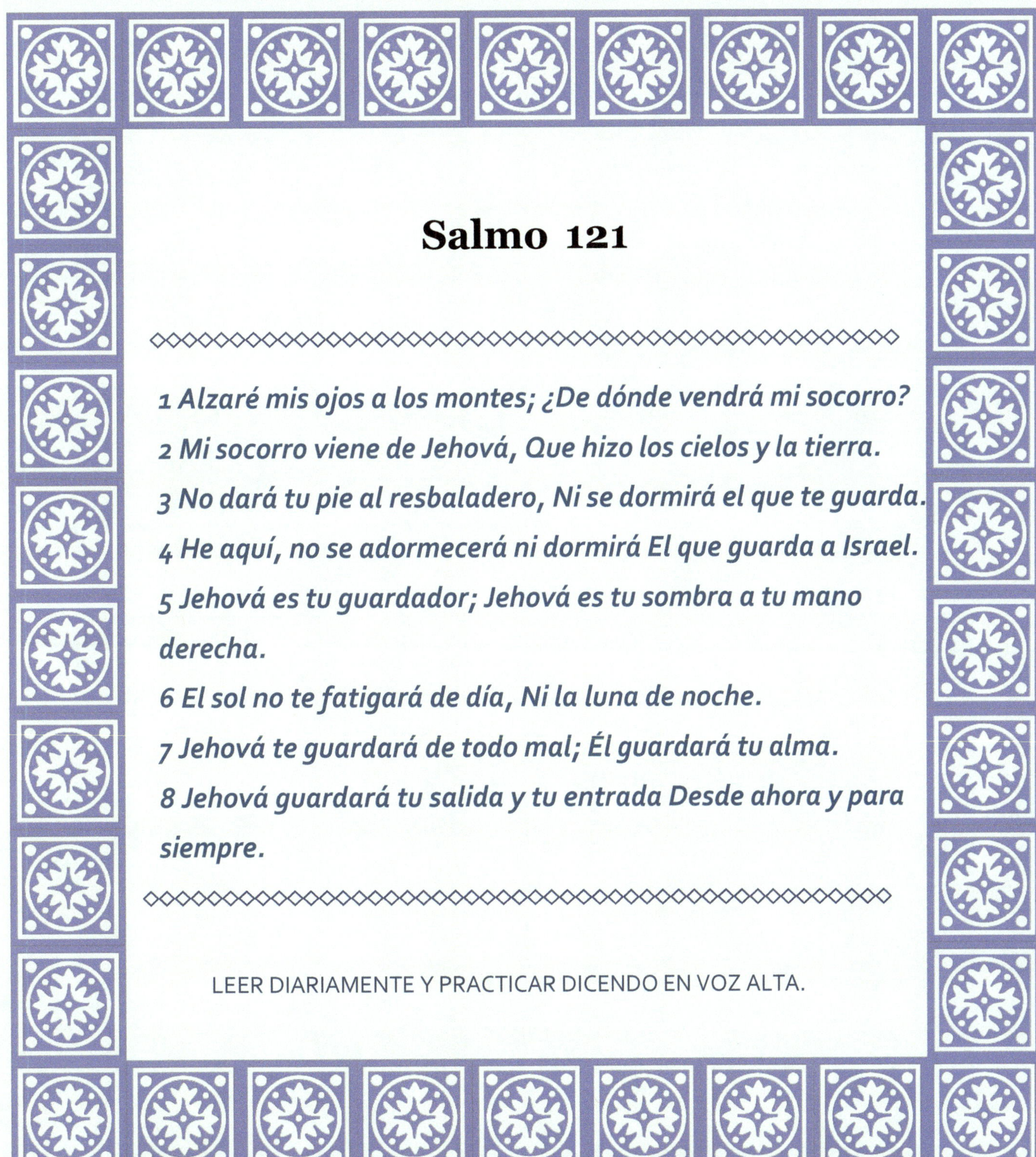

Salmo 121

◇◇◇

1 Alzaré mis ojos a los montes; ¿De dónde vendrá mi socorro?

2 Mi socorro viene de Jehová, Que hizo los cielos y la tierra.

3 No dará tu pie al resbaladero, Ni se dormirá el que te guarda.

4 He aquí, no se adormecerá ni dormirá El que guarda a Israel.

5 Jehová es tu guardador; Jehová es tu sombra a tu mano derecha.

6 El sol no te fatigará de día, Ni la luna de noche.

7 Jehová te guardará de todo mal; Él guardará tu alma.

8 Jehová guardará tu salida y tu entrada Desde ahora y para siempre.

◇◇◇

LEER DIARIAMENTE Y PRACTICAR DICENDO EN VOZ ALTA.

Spanish	***English***	***Spanish***	***English***
Padres	Parents	Sacerdote	Priest
Dios	God	Oveja	Sheep
Señor	Lord	León	Lion
Sol	Sun	Rey	King
Luna	Moon	Ídolo	Idol
Niño (a)	Child	Fuego	Fire
Sueño	Dream	Juicio	Judgment
Hoyo	Pit (Hole)	Pez	Fish
Honda	Sling	Mañana	Morning
Niño	Boy	Noche	Evening
Niña	Girl	Viento	Wind
Mes	Month	Prisión	Prison
Madre	Mother	Buenas noticias	Good news
Padre	Father	Hierro	Iron
Pequeño (a)	Small	Oración	Prayer

ALFABETO ESPAÑOL

A a	**B b**	**C c**	**D d**	**E e**
Pronounce:				
a	be	ce	d	e
F f	**G g**	**H h**	**I i**	**J j**
efe	ge	ache	i	jota
K k	**L l**	**M m**	**N n**	**N n**
ka	ele	eme	ene	Ene
O o	**P p**	**Q q**	**R r**	**S s**
o	pe	cu	eree	ese
Tt	**U u**	**V v**	**W w**	**X x**
te	u	ve	doble ve	Equis
Y y	**Z z**			
ye	**zeta**			

Other Books by Philip O. Akinyemi

Rio the tortoise was not intimidated and didn't feel inferior keeping company with the elephant, and thereby achieved his desire to shake the bridge. Are you afraid of joining someone who is smarter or better than you? You can accomplish more if you team up with someone better than you.

ISBN: 978-1-7342603-0-4

This book uses some Bible characters who obeyed God and were rewarded or blessed to illustrate the importance of obedience. For example, Noah obeyed God and built an ark, and he and his family were the only ones saved from the flood. If you too obey God, your parents, and those in authority, you will be rewarded. **ISBN: 978-1-7351099-5-4**

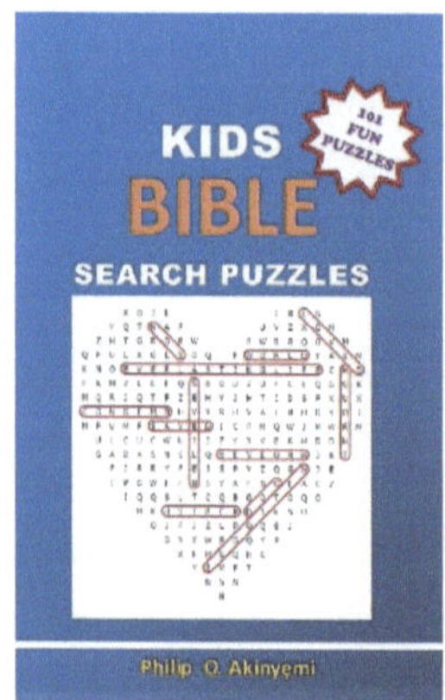

An exciting collection of 101 Bible search puzzles with 10 short memory verses and 20 "fill in the blank" verses. Kids will learn about God and His love, protection, provision, salvation, and many other important things. And you will have fun while learning. This puzzle book is great for children ages 6-10, but adults can enjoy it too!

ISBN: 978-1-7351099-78

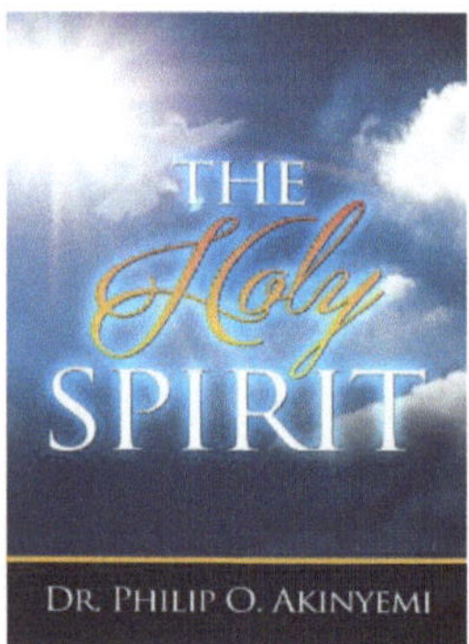

Do you know the Holy Spirit is your loving and faithful Comforter in time of sorrow? He is a divine Person who is available 24/7 to help you. Jesus the Son of God depended utterly upon the Holy Spirit in His earthly ministry, and we must do likewise in order to be effective and successful in our calling in life.

ISBN: 978-1-60383-524-4

www.ingramcontent.com/pod-product-compliance
Lightning Source LLC
LaVergne TN
LVHW070417250826
846485LV00014B/76
9781734260397